DATE ..../..../....

I0511233

DATE .../.../...

DATE ..../..../....

DATE …/…/…

DATE .../.../...

DATE ..../..../....

DATE .../.../...

DATE ..../..../....

DATE …/…/…

DATE .../.../...

DATE ..../..../....

DATE ..../..../....

DATE .../.../...

DATE ...../...../.....

DATE ..../..../....

DATE ..../..../....

DATE .../.../...

DATE .../.../...

DATE .../.../...

DATE ..../..../....

DATE .../.../...

DATE ..../..../....

DATE ..../..../....

DATE .../.../...

DATE .../.../...

DATE ...../...../.....

DATE .../.../...

DATE .../.../...

DATE ...../...../.....